编委会

策　　划：朗国明　　徐　飞　　刘志林　　张建国　　安　祥
编 委 会：郭建华　　潘树伟　　王　超　　陈国海　　吴学英
撰　　稿：张　慧　　张玉环　　刘翠兰
摄　　影：张林刚
封面题词：钱建恒
设计制作：汤建军

兴安猎神

XINGAN LIESHEN

张林刚 ◎ 著

中央民族大学出版社
China Minzu University Press

作者自序

　　作为大森林里走出来的记者，作为鄂伦春人，我对兴安岭的山山水水都是由衷的热爱和眷恋。虽然离开故乡已经二十五年可是她仍然让我魂牵梦绕不能忘怀。记得离开时我还是一个朝气蓬勃的中学英语老师，而如今已年过半百。生活在喧闹的城市时常想念家乡的山林和远去的亲人。1960年出生在黑龙江省黑河市新生鄂伦春民族乡，那时候的兴安岭保持着最原始的状态,森林茂密,河流清澈,鸟语花香,小溪淙淙。

　　这是1970年十岁的我和十二岁的三哥、八岁的妹妹站在自家的小土房前的合影，也不记得是哪个上海知青为我们留下了这张珍贵的记忆。那时候是我们这个大家庭最苦的日子，姥爷被打成日本特务含冤死去，父亲生病卧床不起，但是孩子不知愁滋味，您瞧我们三个脸上都带着一种质朴的纯真和乐天的样子。这张照片也是那个年龄的我唯一的照片，也正是这张照片激发了我对摄影的兴趣和好奇心，梦想自己要是有这样一个相机就好了。可是这在当是只能是一个梦想。1979年当我考上黑河师范英语系时二哥林宝为了鼓励我，送给我一部12元的傻瓜相机，当时我爱不释手天天琢磨怎样才能拍出好的作品。尤其是盼望快点放假，回到刺滨河畔，回到大森林里看看狍子、飞龙和小桦鼠。那个年代我先后失去父母，内心常常是深深的失落和淡淡的忧伤，就算小小的喜悦也不知向谁诉说。那时只有奇异而丰富的大自然成了我诉说的老朋友。无论是冬日里的皑皑白雪，夏季里比海浪还要浓黑而翻卷的云，还是千年古树上饱经沧桑的山神的脸，以及小溪里成群的细鳞鱼，都在年少而多梦的心里流转，沉淀，雕刻，定格。我带着鄂伦春人天性里的智慧，穿越丛林，八岁射猎，十八岁打到了体壮如牛的罕达犴。挎着一架相机，用猎人独特的视角和审美去扑捉丛林的气味，色彩和悸动。山林民族古老的流传，生命的万象以镜头里或传奇或梦幻或真实或残酷的样子展现给世人。

　　1984年我考入东北师范大学中文系，这是我已经使用120相机，大学四年增长了知识，锻炼了能力，最主要的获得了修身立业之本。这一时间是我摄影兴趣及创作欲望最强的时候，假期里我不放弃一切可以和兄长们出猎的机会，而本书中作品大多都是这一时间拍摄的。1988年7月大学毕业分配至中央民族大学任教。1996年加盟中央电视台新闻评论部，成为《焦点访谈》栏目的记者。

　　走出大山，捕捉着社会上的黑白真相，苦乐人生，责任在哪里人就在哪里，在焦点访谈摄制组一干就是十七年。肩上的那架摄像机成了我的另一种狩猎工具。我利用一切闲暇的空隙去拍摄我的民族，尤其是去抢救拍摄那些即将失去的传统和文化。我要告诉世界在地球的这一隅还有这样一个民族——带着古老的万物有灵的信仰，传承着与众不同的文化信息，认真执着地在莽莽林海中过着有尊严的生活，他们是勇敢的鄂伦春！他们是狩猎文化的活化石。

作者简介

1960
张林刚
出生在黑龙江省黑河市
新生鄂伦春民族乡

张林刚，男，鄂伦春族，1960年出生在黑龙江省黑河市新生鄂伦春民族乡。1988毕业于东北师范大学中文系，获文学学士学位。同年7月分配至中央民族大学任教。1996年加盟中央电视台新闻评论部，成为《焦点访谈》栏目的记者。1998年—2001年为中央民族大学教育学院在职研究生。

自上大学起就偏爱摄影艺术，先后参与许多优秀专题片的拍摄工作。如：《最后的山神》、《神鹿啊我的神鹿》、《雌鹿角》、《猎人的女儿》、《兴安猎神》等。1996年编导的专题片《猎人的女儿》荣获全国，"剑南春"杯女性人物评比二等奖。

在《焦点访谈》节目一组，林刚担任摄像。十余年来用他的眼睛真实地记录了生活中的真善美。同时也让人们了解到一些人性的弱点和社会的阴暗面。所拍摄的许多节目播出后都产生了较好的社会反响。代表作《吉烟现象》、《天鹅之死〉》、《禁伐？尽伐！》、《雪燕的神话与真相》等。尤其是他参与拍摄了大量有关森林开发与保护的节目，为此他多次荣获国家林业局颁发的梁希林业新闻奖。

获奖情况　中国新闻奖三次、中国广播电视学会一等奖一次，二等奖二次，获各部委大奖三十余项。

儿时家门前

家人合影

在兴安岭猎犴

在日本讲学

在汶川地震现场

在泰国湄公河惨案现场

全家人回故乡

在马来西亚采访"血燕的神话"

在法国采访

在玉树

拍摄护林马队

奥伦／摄影

目录

篇

壹	兴安岭上鄂伦春	01
贰	仙人柱	13
叁	服饰文化	25
肆	狩猎文化	41
伍	鄂伦春人的桦树文化	53
陆	桦皮船	61
柒	鄂伦春婚礼	71
捌	萨满文化	79
玖	树葬	91
拾	熊图腾崇拜	95
拾壹	自然崇拜与占卜	101
拾贰	成长的记忆	109
拾叁	记忆·老照片	117
拾肆	影像记忆	123

兴安猎神

XINGAN
LIESHEN

兴安岭上鄂伦春

興安
獵神
XINGAN
LIESHEN 兴安岭上鄂伦春

兴安岭上鄂伦春

绵延数千里的大、小兴安岭，是鄂伦春人美丽的家乡。那里山峦起伏，河流萦回，郁郁葱葱的原始森林遮云蔽日。在浩瀚的林海中，生长着千姿百态的植物群落，栖息着珍贵的飞禽走兽。大、小兴安岭，为勇敢、强悍的鄂伦春人，提供了丰富的衣食源。

鄂伦春族，人口为8659人（2010年），主要分布在内蒙古自治区东北部的鄂伦春自治旗、扎兰屯市，黑龙江省的黑河、逊克、塔河、呼玛、嘉荫等地。鄂伦春见于最早的文献记载是《清太宗实录》当时称"鄂尔吞"，《清圣祖实录》开始写作"俄罗春"，后来逐步确定为："鄂伦春"三个字上。据史料记载鄂伦春族源于钵室韦。有自己的语言，没有文字，语言属阿尔泰语系—满通古斯语族北通古斯语支。"鄂伦春"系民族自称，有两种含义："使用驯鹿的人"和"山岭上的人"。

鄂伦春人以森林为家，千百年来像保护眼睛一样守护着大小兴安岭的一草一木，形成我国北方的一道绿色屏障，为保护国家的生态安全做出了重要贡献。他们独特的狩猎文化不仅是中华民族灿烂文化的一部分，同时也是世界文明的一部分。走出森林的鄂伦春，跨越历史的鄂伦春必将在人类进步繁荣发展的交响乐中留下最美的音符。

XINGAN
LIESHEN 兴安岭上鄂伦春

塔河

鄂伦春族自治旗

扎兰屯市

齐齐哈尔市

鄂伦春族
人口分布

呼玛县

黑河市

逊克县

嘉荫县

伊春市

鹤岗市

松鼠　　　　　　　野猪　　　　　　　赤麻鸭

鸿雁　　　　　　　绿头鸭　　　　　　天鹅

东北虎　　　　　　马鹿　　　　　　　梅花鹿

熊　　　　　　　　狍子　　　　　　　獾

飞龙鸟　　　　　　金雕　　　　　　雪鸮

鸳鸯　　　　　　嘴潜鸭　　　　　　野鸡

松鼠　　　　　　驼鹿　　　　　　雪兔

猞猁　　　　　　野猪

兴安

猎神

XINGAN
LIESHEN 兴安岭上鄂伦春

蘑菇

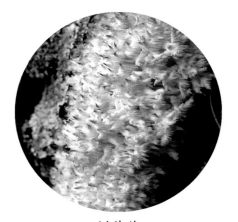

树花菇

猴头菇

野果

蓝莓

稠李子

兴安
XINGAN
LIESHEN 兴安岭上鄂伦春

10

興安獵神

XINGAN
LIESHEN

仙人柱

興安
獵神
XINGAN
LIESHEN 仙人柱

仙人柱

　　当一个旅行者来到一处依山傍水，鸟语花香的地方，看到几匹猎马闲散地吃着青草，一串排成弧形的"仙人柱"在微风中散发着桦树的木质清香时，他们也不得不赞叹鄂伦春人建筑文化的实用审美。

　　面朝河流，背靠山林，逐鸟兽而居，两三个人协同配合就地取材，桦木杆，桦树皮，芦苇。动物皮张，几分钟一个漂亮的"仙人柱"就搭成了。用现代人的话来说，冷暖适宜，非常环保！最奇异的是仙人柱顶部留下的小口，利于采光，通风，放烟，若遇雨雪，会加盖一个用桦树皮制成的锥形套。夜晚来临睡在温暖的狍皮褥子上透过那一隅"天窗"，看到繁星如珠，耀耀闪烁，听丛林里夜鸟的叫声，树的耳语……人的洞察会在这样的晶莹剔透里轰然打开，灵虚飞翔，那万物有灵的观念，也许就是在这样的静谧之时从祖先的神识里升起。如此贴近大自然的住所却是灵活机动的，住上个把月，也许就要离开，简单，便捷，除了生活必需品，人们并不为自己积聚太多的吃穿用品。给这一方山水重新恢复生机的时间，因为在鄂伦春人的观念里，丛林、河流甚至草原都是广大无边的自由之邦。游猎民族也就带着诗人一样多感忧郁的气质自由地迁徙着，他们从未认为自己从属于谁，只是觉得自己仅仅是大自然中一个再平常不过的一个本真的存在。！

興安
獵神
XINGAN
LIESHEN
仙人柱

17

23

兴安獵神

XINGAN
LIESHEN

服饰文化

兴安
獵神
XINGAN
LIESHEN 服饰文化

服饰文化

　　鄂伦春人的服饰是民族文化的鲜明体现。高寒的丛林生活，追逐着獐狍野鹿，穿山越岭，爬冰卧雪，保暖和耐用以及隐蔽性就成了丛林民族服饰的硬性要求。兽皮服饰从头到脚把鄂伦春人装扮的神采奕奕，灵动朴实。而其中狍皮服饰在制作中占了很大比例，冬季狍子绒毛很厚，用来制作冬装，夏季的狍子毛短而薄，色泽红艳，俗称"红杠子"用于春秋装的制作。皮袍多为毛朝里，驼色的服饰上最常见的装饰色为红、黄、黑三色，红色象征热情的篝火和太阳的光芒，黄色象征某种神秘的力量，黑色象征洞察一切的智慧和沉稳。那些领口、腰身、袖口、裙边处的云纹、回形纹、波纹、花纹是巧手的鄂伦春女人心灵深处流淌出来的情与爱。带着深林的膜拜，南卓罗花的妩媚，飞鸟的翩然，走兽的警觉，把一切的浓情深意多倾注在一针一线的繁复里。现代服饰带着更多节日般的色彩缤纷，丝绸闪动，彩珠熠熠，少了传统服饰的实用性，但是在那样的柔软的明净里，用母语那极富有特色的拖音，传递着的仍是一种绵长温情的族人间亲情的诉说。尤其是那奇特生动逼真活泼的"狍头帽"，那简直就是民族服饰中最最闪亮甚至惊世骇俗的"鄂伦春奇迹"。鄂伦春的服饰，无论粗狂质朴还是浪漫多姿，早已与母语、丛林、狩猎、烈性酒和萨满的唱颂融化在一起，那是鄂伦春人的境界——活在真实的森林中，心是飞鸟的翅膀，皮子褪色了，但那一股朴素而坚定的力量早已浸透在后辈的血液中，再也无法分离。

早前冬装

妇女冬装

老年妇女装

萨满服

刮皮子

选皮子

熏皮子

鄂家女

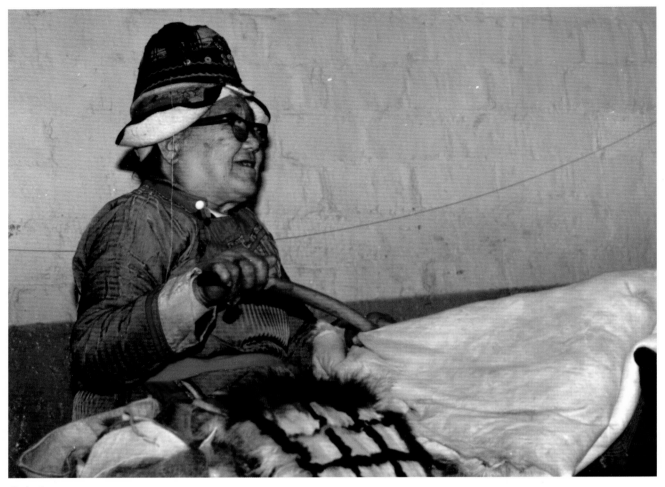

熟皮子

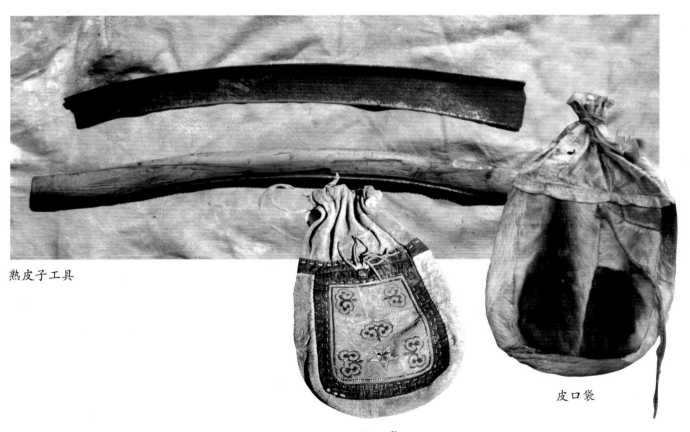

熟皮子工具

烟口袋

皮口袋

皮褥子

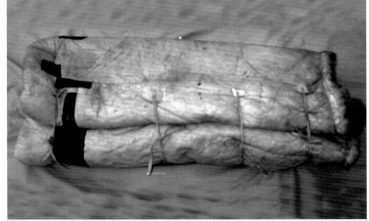

皮被

皮包

皮包

狍头帽

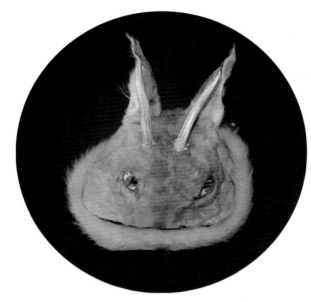

夏秋季帽子

老年妇女帽子

狍头帽

背包

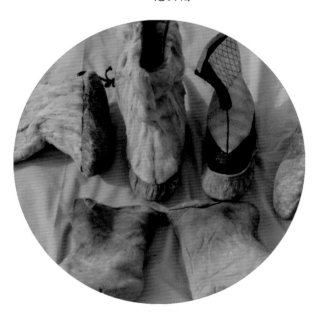

其哈密（靴）

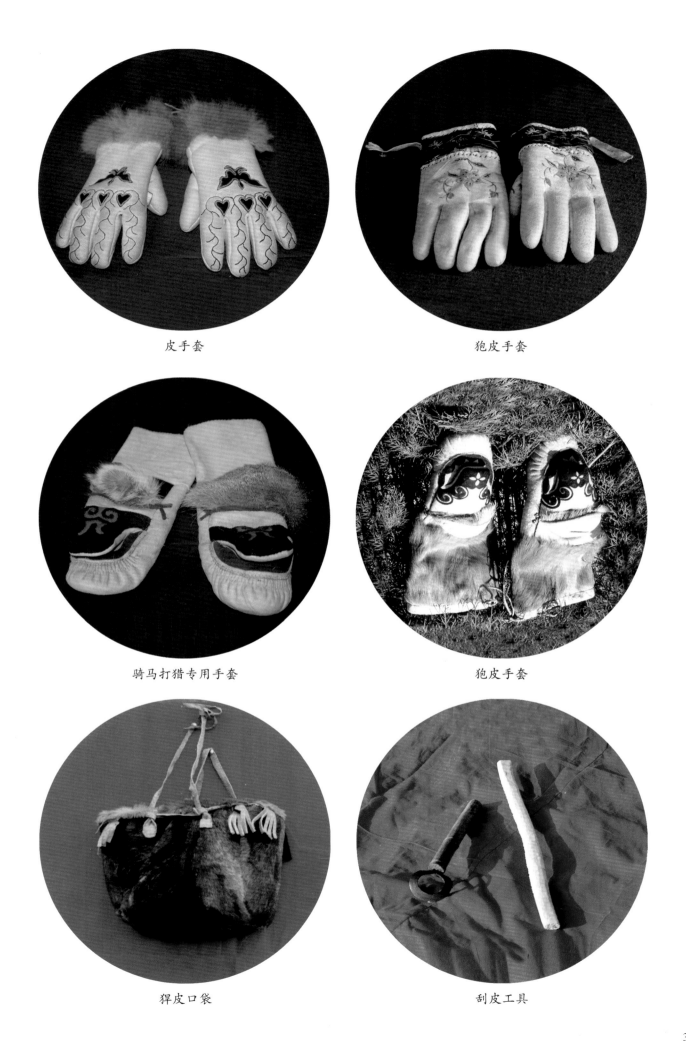

皮手套   狍皮手套

骑马打猎专用手套   狍皮手套

犴皮口袋   刮皮工具

抻皮子

用狍腿皮制作的皮褥子

孟兰杰　国家级非物质文化遗产"兽皮制作技艺"传承人

关金芳和她的服饰展演

冬猎装

兴安猎神

XINGAN LIESHEN

狩猎文化

狩猎文化

如果鄂伦春人的生活是一曲激动人心的交响曲，那狩猎一定是其中最震撼的音符。它延续着远古祖先的智慧与勇敢，承载着自然的慷慨和恩泽，镌刻着森林王者的气度和威武。

夏季缓缓展开的绿色苍莽山河图，拉响了一年狩猎的序幕，猎手莫日根身背猎枪、骑上骏马、带领猎犬吹响了出猎的号角，他们依据地形，选好风向，或瞭望、或循迹跟踪，多会发现活动在沼泽地、河边的猎物；经验丰富的猎人仿佛有一双看穿未来的眼睛，他们静静地潜伏在天然形成的盐碱地，便可不费吹灰之力收获猎物；伏天夜幕降临，猎人们乘上桦皮船，伴着潺潺的水声，慢慢地就接近了吃水草的犴或鹿，弹无虚发在鄂伦春猎手中是极平常的。

避开草高的秋季，终于奏响了冬季惊心动魄的狩猎主旋律，惊慌失措的猛兽、穷追不舍的猎犬、汗气腾腾的猎马、沉着冷静抬枪瞄准的猎人；嘶吼声、犬吠声、马蹄声在茫茫的雪原上仿佛汇成一支大军，无限广阔地拓展开来；"砰！"莫日根的枪声奏出了胜利的音符，收获的喜悦酣畅淋漓！就地安营扎寨，生火、支锅，鲜嫩的美味在锅中翻滚，肉香、酒香让寒冷寂静的山林热血沸腾。

狩猎像一颗大树支撑着鄂伦春人的灵魂，塑造了鄂伦春人勤劳勇敢、沉着冷静的性格，更创造了与之相关的灿烂的鄂伦春文化。

夏　猎

蹲泡子

打猎归来

吹鹿哨

晾晒肉干之一

晾晒肉干之二

晾晒肉干之三

晒肉条

收获

平均分配　　　　　　　　　　　晾晒犴茸

猎马狩猎　　　　　　　　　　　网捕鱼

用枪打鱼　　　　　　　　　　　用枪打鱼

打鱼归来

桦皮船狩猎

桦皮船狩猎

桦皮船狩猎

薰枪

桦皮船狩猎

鄂伦春人的桦树文化

在兴安岭茂密的丛林中，最引人注目的是那高雅、秀丽的白桦林。它曾是许多文人、艺术家笔下的风景。鄂伦春人更是以其特殊的情感和充满灵气的巧手，用桦树皮装点着自己的美好生活，形成了具有鲜明特色、魅力无穷的桦树文化。桦树文化构成了鄂伦春族生活的重要内容，它贯穿于鄂伦春人的出生、婚姻乃至死亡的整个生命历程，融汇在他们的精神和情感之中。

桦树皮质地柔软轻巧，色泽美丽而光滑。妇女们心灵手巧,她们制作的一件件桦皮制品，装饰花纹古朴，美观大方，种类繁多。有：传统住所"仙仁柱"的覆盖物；实用的桦皮箱、桦皮篓；还有小巧玲珑的针线盒、烟盒。桦皮制品的形状也是千姿百态，扁、圆、方、圆椎形应有尽有。妇女们想象力十分丰富，雕刻在桦皮制品上的图案，既有象征吉祥、喜庆的云纹、回纹；又有象征爱情幸福的"南绰罗花"。充分体现了鄂伦春狩猎文化的特点。

现代社会赋予了传统的桦树文化新的内涵，开始逐渐从过去实用性向装饰性、观赏性、收藏性的方向发展。古朴的色泽配上别具一格的花纹和图案，多彩的生活中无疑又增添一件别致的艺术品。经过潜心研究，心灵手巧的鄂伦春民间手工艺人采用传统的民间花纹及抽象的艺术手法，制作出了一批具有鲜明民族特色的桦皮镶嵌画。这些桦皮工艺品用质朴的笔调叙事，用浓烈的情感传情，真可谓鸟兽生动、峰姿巍巍，草树离离，充满无限动感与风韵。

张玉霞在制作桦皮工艺品

莫鸿苇

莫拉呼尔鸿苇作品　乌娜吉

莫拉呼尔鸿苇作品　清清的刺尔滨河

吉千艾雅作品树魂

关陶方的桦皮镶嵌画

兴安猎神

XINGAN
LIESHEN

桦皮船

桦皮船

　　鄂伦春男子不仅是精骑善射的猎手，也是技艺超群的能工巧匠。1945年10月出生的郭宝林，祖辈世代以制作桦皮船为业。自幼便跟随父亲郭闹开学习传统手工制作桦皮船技艺，鄂伦春人世代流传下来的传统技艺他几乎样样不丢，凭借着丰厚的民间学识和多年的实践与探索，形成了独特的造船风格，他制作的桦树皮船，受到当地猎人的广泛好评和认可，并且他本人是2008年6月入选第一批国家级非物质文化遗产扩展项目名录的传承人之一。寡言淳朴、从容淡定的郭宝林用自己的行动传承着鄂伦春人最根深蒂固的狩猎文化。制作桦皮船是技术含量很高的体力活，一个优秀的猎手往往只要猎斧、猎刀就可以完成桦皮船的制作。这几乎是呼玛河流域鄂伦春男子必要学会的技能。

　　桦树皮具有质地柔软、成张成片、易加工，富油脂、不透水、不易腐烂的特点。鄂伦春人制作出的桦皮船形状颇为特殊，松木做骨架，敞口、船体中部较宽，船头、船尾尖细并微微上翘，状似剖开的梭子。制作桦皮船的关键是拿船头，一个优秀的猎手往往只用一把猎刀就能完成整个桦皮船的制作。

　　桦皮船是鄂伦春族用来狩猎、捕鱼以及渡河、驮载的工具。传统的桦皮船最大的特点就是轻巧无声，可是说是人类造船史上最轻的船。生活在兴安岭的鄂伦春人正是以其特有的情感和充满灵气的巧手，用桦树装点着自己的生活，形成了魅力无穷的桦树文化。

興安獵神
XINGAN
LIESHEN 桦皮船

郭宝林 桦皮船制作技艺传承人

桦皮船

桦皮船

白桦树

扒桦树皮

选好桦树皮

选樟子松

劈肋条

劈船肋

劈开松树做船膀

劈开松木

船肋

河岸边摆上两张桦皮

摆顺条

摆顺条

木钉

木钉

装肋条

装肋条

用绳拢起船

用绳拢起船

拿船头

拿船头

拿船头

拿船头

装横乘

装横乘

新船完成

新船试水

新船试水

兴安猎神
XINGAN LIESHEN

鄂伦春婚礼

鄂伦春婚礼

鄂伦春族婚俗有着浓郁的民族特色。一般要经过求婚、订亲、认亲、过彩礼、迎亲等程序。媒人在缔结男女婚姻大事上起着重要的作用。充当媒人的多是伶牙俐齿，能说会道者。一旦说媒成功，便定下认亲、过彩礼的日期。认亲也是订婚之日，这期间男方父母在媒人和近亲的陪同下带上肉、酒到女方家。男女双方经过梳妆打扮后，要用一双筷子和一个碗吃粘粥，以象征双方心心相印，永不分离。

结婚之日，新郎带上亲朋好友去女方家迎亲。迎亲的队伍与送亲的队伍相遇时互相下马问候，好奇的人们争相观看新娘的容颜，欢歌笑语不绝于耳。然后双方的小伙子们还要进行赛马比赛，五六十匹马一起奔跑起来，其场面十分壮观。迎亲的队伍进入村落后，立即举行结婚仪式，男女双方的来宾要围着篝火载歌载舞，以示庆贺。女方则乘人不备策马离开人群，向远方驰去。心领神会的新郎则策马尾随，双方在白桦林里中互赠礼物，述说衷肠，随后并行而归。婚礼上为了营造欢乐的气氛，新娘、新郎双方的亲朋还会进行对歌、抢酒杯等游戏。尤其是婚礼上的对歌诙谐幽默，内容丰富。鄂伦春人都会唱歌，这是鄂伦春人的天性。婚礼上人们手拉手一同围着篝火跳起"罕贝舞"，歌手们竞相献出精彩的节目，优美的歌声、欢快的笑语此起彼伏，直到夜幕降临。当新郎和新娘入洞房时，姑娘、小伙子们还要闹闹洞房才肯罢休。第二天，新郎要把送亲的人们送出村外喝完告别酒才能返回家中。至此这充满了浓郁山林文化的婚礼才落下帷幕。

出嫁前母亲给梳妆

两家人赛马

新娘骑马离开人群　　　　　　　　新人白桦林中互赠礼物

一双筷子吃"龙铁"　　　　　　　　两亲家比力气"搬杠子"

斗熊舞

婚礼篝火舞

兴安猎神

XINGAN LIESHEN

萨满文化

萨满文化

有一种人永不会打倒，那就是我们鄂伦春人的萨满。萨满为通古斯语意为"无所不知的"人，他是知晓神意的人，是沟通人与神之间的中介。在我们古老的神话中，天神恩都力看到森林里的鄂伦春人生活艰辛，时常被天灾病痛所困扰，就让金色的神鹰飞跃万里长空，千层云彩下落到人间，变现为亦正亦邪，亦人亦神的萨满，他们的神力变幻多端，魂魄或寄予祖先神，草木神或依于狐黄蛇蟒，通晓过去、未来，甚至能召唤幽远的丛林精灵，治病驱邪无所不能。那飞转的铜镜，翩翩的彩带，奇异的唱诵，带你穿越一条祖先曾经走过而如今你正在淌过的生命之河。在萨满的吟唱中你的恐惧在减轻，你的逃避在显现，你的喜悦在当下，就这样萨满用隔空的语言与你腿上的那只隐形的箭对话，劝你胸口那只不安分的小鸟赶快飞走，告诉你头里隐蔽的那朵云飘回原处。他们那无穷的精力，超自然的法术，医王般的智慧，都是族人尊重敬仰的源泉。但平时他们却过着极度简朴和安静的日子，除非氏族里有重大的祭祀或有人重病。他们就住在部落里，经常是弱而慈祥的样子。萨满的存在让每一个氏族成员心有所依，深感寄慰。如果当时这个世界没有萨满，活着便成了一种太漫长的痛苦和乏味的迟滞。在过去缺医少药的大森林中只有萨满能让人心理淡定。

萨满 孟金福　　　　　　　　　　　萨满孟金福

萨满鼓

关扣尼制作萨满服　　　　　　萨满关扣尼　　　　　　　萨满服饰

萨满服饰　　　　　　　　萨满服饰

搭大斜仁住

孟金福制作《图如》神来神去的天梯

给祖先神上供品

敬香

唱敬神歌

祖先神

雷神

龙神

鹰神

黑夜保护神

单腿神

猎人从四面八方赶来参加春祭大典

兴安獵神

XINGAN LIESHEN

树葬

興安
獵神
XINGAN
LIESHEN 树葬

树　葬

　　世界上每一个生命，无论其伟大还是渺小，都有其存在的价值和尊严。当一个生命死亡时，在鄂伦春人的观念里，他的生命并未真正结束，肉体腐败灵魂会依据它的特性空、明、澄、静、轻向上升腾，这就有了树葬的风俗。过去鄂伦春人出猎若生病死亡。无论死在哪里都不能回到部落，只能就地安葬，死在哪就葬在哪里，鄂伦春人认为这是天神恩都力的安排，也是死者自己的选择。

　　鄂伦春认为风葬可以让死者的灵魂从尸体中游离出来，飘向森林，永久存在.过去风葬时找两根一米五左右间距的树，树枝上放两根粗的木头，用马鬃绳绑紧，然后把死去的人用桦树皮包裹或用棺木收敛架在树杈上，一般棺木上还要压上松树皮。风吹雨淋，鸟语花香中，他就在那里。在白桦树凝重的注视里，在花叶的窃窃私语中；他就在那里，在晚阳的抚爱下，在星星的关怀里；他就在那里，在丛林狼的嚎叫里，在雪夜深沉的静寂中。浪漫的民族，就是这样以一种羽化飞升的优雅姿态完成生命的最后一段旅程……。灵魂剥离肉体的艰辛过程，以最大的向上伸展的努力去接近恩都力的海云天，在天地之间，在一抹绿与一片苍茫里，升起再升起，只留下最坚硬的一部分归于尘归于土，与大地合二为一。

興安獵神

XINGAN
LIESHEN

熊图腾崇拜

興安
獵神
XINGAN
LIESHEN　熊图腾崇拜

熊图腾崇拜

　　鄂伦春人对熊的崇拜可以说到了极至，仿佛无法用世间的语言来表达那种敬畏，依赖，慈悲和相互的接纳心情，因为在原住民心中，熊也许从第一次的目光交流中，我们的肉体和灵魂早已融为一体，无法分离。作为丛林霸主的熊，鄂伦春人尊称它为"阿玛哈"（鄂伦春语"大爷"之意）。它天赐神力，在过去原始的狩猎过程中，猎人们用古老的工具很难捕猎到它，不仅如此，它像人一样直立行走，雄性拥有人类一样的生殖器，被剥皮后的雄性肢体仿佛是一个在沉睡的拳王，以它不可动摇的威慑力总能牵引着猎人的心灵，每次捕猎到熊，鄂伦春人都会把它的头割下来，恭敬地架在树叉间或木桩上，以最真诚的语言祈求他的原谅。熊的口中还会含上一根木棍，寓意死后不要再伤害人类。同时在吃熊肉时要发出乌鸦一样"嘎、嘎"的叫声，仿佛是乌鸦在吃它，族人们就是带着这样一种悲喜交加的情感在熊的宽恕和乌鸦的过错中完成祭祀过程。最后，吃剩的熊骨要用树枝包裹好唱着"古落依仁"放在树杈上像人一样风葬，希望熊的灵魂能永远留在森林之中。

跪拜熊

风葬熊头

吃熊肉时要发出"嘎、嘎"以示乌鸦在吃

用柳树抱好熊骨

把熊骨送回森林

唱着葬熊歌

放在树杈上风葬

兴安猎神

XINGAN
LIESHEN

自然崇拜与占卜

兴安
猎神

XINGAN
LIESHEN 自然崇拜与占卜

自然崇拜与占卜

在鄂伦春人看来，自然神灵就是所处自然环境中的一部分、是自然力的主宰者，每天都在与之打交道，由此可见对神灵的崇拜其实就是对自然的崇拜。"白那查"是鄂伦春族猎人最崇拜的山神。他们认为山里所有猎物都来自于山神的赐予。因此对"白那查"的供奉也极为虔诚。猎民每当要打猎前，都要供祭磕头。在山上狩猎期间，每逢饮酒吃饭，也都要先用手指蘸酒向上弹三下，或将酒碗高举过头顶绕几圈，祷告"白那查"多赏赐猎物等，之后才可以饮酒吃饭。

鄂伦春氏族的神偶崇拜也很多。把各种神根据自己的想象用木头刻制成偶像，也有的画在布上或纸上。偶像在鄂伦春语中叫"毛木铁"。给偶像上供多是因家里有人得病，祈求神灵保佑早日康复，或猎人远出打猎，祈求神灵多赐予猎物等。祭祀时要将祭品摆放在神像前，供上酒和烟，参加上供的人都跪下磕头，要由一位长者祈祷，祈求各路神灵多多保佑，同时还将祭品中的血抹在每个偶像的嘴上，表示神灵们已吃到了祭品。要知道这祭品是不能带回家的，磕完头之后大家坐上一圈边吃祭品，边说些吉利话，直到吃完为止。在鄂伦春族上供一般由男人去做，妇女几乎是不允许参加的。

鄂伦春对氏族或本家族先人的崇敬使得祖先崇拜应运而生。鄂伦春语对祖先神叫"阿娇儒博日坎"，几乎每家每户都曾供奉过。每到年节都给祖先神烧香磕头、化纸祷告。召开氏族会议时也首先要举行祭祖仪式。

鄂伦春族不光在祭祀方面很有讲究，对占卜也大有说道。占卜，鄂伦春语叫"阿嘎坦"。当病人久治不愈，猎人外出不归，猎马丢失或久猎不得时，为知吉凶便会进行占卜，祈求神灵保佑。

如果鄂伦春人想占卜外出打猎或办某件事是否顺利，就会找块野兽的肩胛骨放到火里去烧，如果火烧裂的骨缝是顺茬并且很清晰，就认为一定很顺利，否则就不顺利。这就是鄂伦春族的"骨卜"。妇女们则常用立筷子的方法占卜，她们将一支平头的筷子边祷告边轻轻地立在盛满水的碗中，据说祷告对了就能立住，立不住就说明祷告错了，那就只好重新再来了。值得一提的是，有时鄂伦春人也会用枪卜和水盆占卜法来祈福神灵的保佑。

用狍子的肩胛骨占卜

骨卜

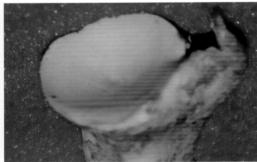

从像锅的深浅能看出猎人家的食物是否丰足，深为丰足。

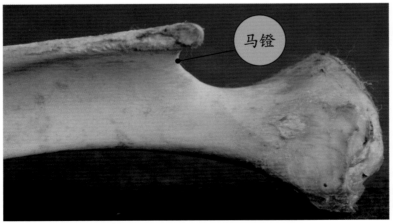

这里是马镫。深，意味着有马骑，浅，意味着没马骑。

马镫

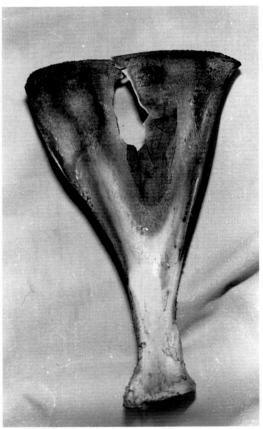

骨卜

制作风神

给风神献肉祈祷不要刮大风

敬山神　周玉江／摄影

山神白那恰

老人画山神像

山神白纳恰

雷神

常胜将军神

神盒和神偶

敬河神

取一碗河水向里吹泡泡，尔后祈祷河神

敬河神　用脚踩着水岸边，祈祷就涨到这里吧，快退下吧！　　　　枪卜

枪卜

兴安猎神

XINGAN
LIESHEN

成长的记忆

小猎手——关永刚

当年的小猎手——吴文慧山东省日照市个体老板

听老师讲故事

鄂伦春族孩子的成长

成长记忆
年少时与长大后的对照

① 吴丽霞

新生乡猎民

② 刘翠兰

中央民族大学
蒙古语言文学系党总支书记

③ 孟树华

新生卫生院护士

④ 张林刚

中央电视台焦点访谈记者

⑤ 莫桂茹老师

⑥ 张玉环

黑河市工商局副局长

⑦ 刘晓春

中国社会科学院博士

我们是警察

鄂伦春族孩子的成长

成长记忆
年少时与长大后的对照

① 张鹤
　沈阳服装设计师

② 孟明明
　新生乡干部

③ 金双双　硕士
　爱辉区政府干部

④ 葛川川
　新生卫生院职工

好样的

鄂伦春族孩子的成长

成长记忆
年少时与长大后的对照

① 关冉
黑河师范教师

② 关永刚
鄂伦春旗古里乡

③ 莫鑫
新生财政所干部

④ 莫雷
新生乡政府职工

⑤ 王建欣
新生乡猎民

幼儿班

鄂伦春族孩子的成长

成长记忆
年少时与长大后的对照

① 莫静
爱辉区新生乡

② 金双双
爱辉区政府干部

③ 张晔
爱辉区劳动局干部

④ 吴丽伟老师

⑤ 孟明明
新生乡干部

⑥ 张慧
爱辉区社保局干部

刘庆月
新生乡政府干部

摇车中的孩子

鄂伦春族孩子的成长

成长记忆
年少时与长大后的对照

兴安猎神

XINGAN
LIESHEN

记忆·老照片

最初的学校

养鹿姑娘

森林的主人

农机手

武装

第一批参军的鄂伦春小伙

兴安獵神

XINGAN
LIESHEN

影像记忆

猎归

春

夏

秋

森林的早晨

130

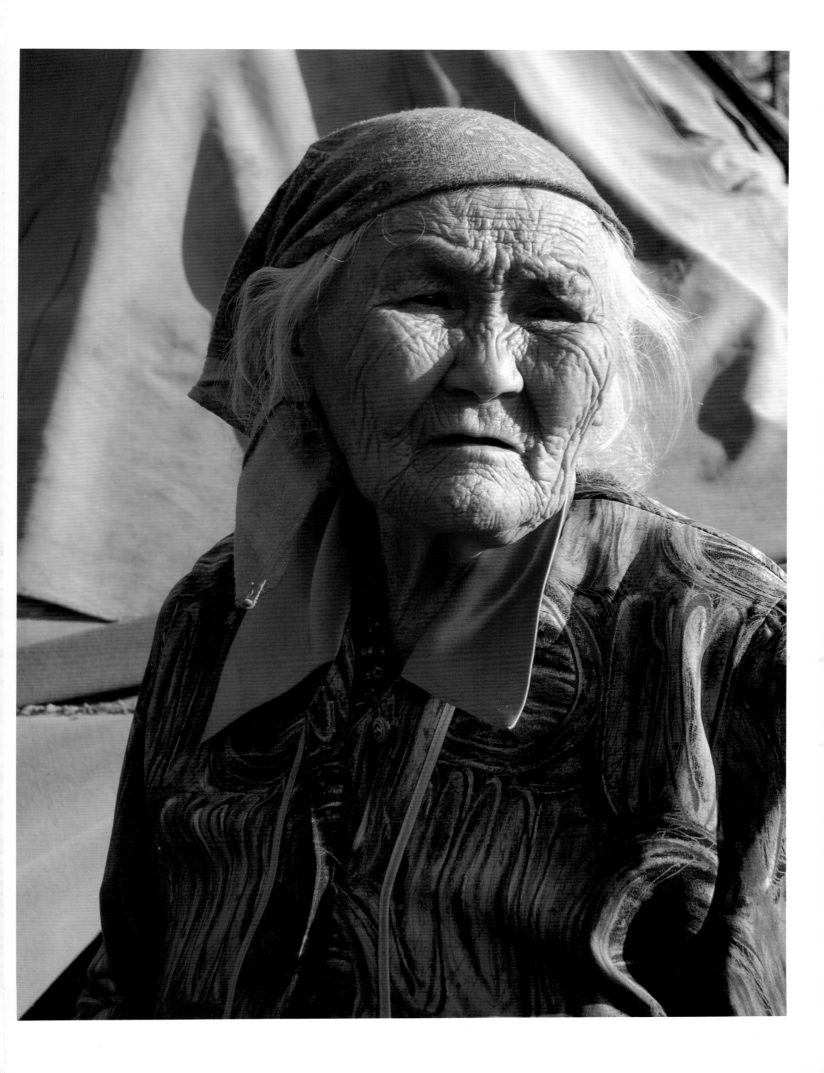

兴安之秋

出猎　奥伦／摄影

回家

136

莫日根

我也行

射击

人 像

興安
獵神
XINGAN
LIESHEN 影像记忆

黑龙江

木

初秋　时立海／摄影

晨

过火后

光

哈喽

戏水

神鹿

舞

彩虹 张林义／摄影

興安
獵神

XINGAN
LIESHEN 影像记忆

族 定 居 50 周 年

后 记

　　1967年当第一批上海知青走进我的家乡时，我们小山村沸腾了，我夹在欢迎的队伍里兴奋地跑来跑去，突然面对这么多来自江南的哥哥、姐姐们，感到生活真是太奇妙了！他们的到来不仅给我带来文化知识，更是告诉我在大森林外面有一个精彩的世界。尤其是第一次见到照相机能把人永远定格在某一个时光，心里很是好奇。特别是我喜欢的马鹿、飞龙、小桦鼠等动物能在某一时刻留下它最美的姿态，真是太神奇了！1979年的高考改变了我的命运，在黑河师范我拥有了第一个傻瓜相机。从此我拿着它尽情地记录着我所看到的和经历的一切。我的姥姥——车景珍、我的岳父——刘本站、我的哥哥——张林宝、我的姐夫——孟金玉、我的乡亲们均成了我最忠实的摄影模特。至今在我耳边还会常常听到莫庆云老人爽朗的笑声，金良哥哥幽默的故事，玉生、新华的俏皮话语；脑海中常常浮现出车海涛老人对着酒瓶自言自语的样子，莫顺吉汗姥姥瘦瘦弱弱背着桦树皮走在丛林里；还有呼玛河畔的孟金福、白银那的关扣尼、逊克的莫宝凤、阿里河的额尔登挂等等。正是这一个一个故事，让我更加热爱我的族人，更加感到兴安岭的富饶和美丽。

　　在我编辑整理本画册的过程中，我的内心有着许多的感慨，80年代由于相机的品质和技术的欠缺，使得许多作品不尽人意，90年代由于工作每天为了生活四处奔波，几乎没有静下心来好好的拍摄。2003年8月10号夜晚坐在索尔其汗河畔，看着为下山定居50年而狂欢的人们，心情难以平静，只是几十年的光景，我的模特们大多已经离我远去，我的森林不再茂密、我的河水不再清澈，我的族人不再豪迈，我还等什么？我要抓紧、我要抢救、我要呼吁。我要尽我的能力记录下我深爱的族人、记录下家乡的一草一木，一事一物、我将用毕生的精力赞美她，歌颂她！

　　今天我将把自己三十多年拍摄和积累的图片编辑成册，献给我深爱着的兴安岭，献给我挚爱的民族、献给我们的60年。同时我要感谢我的兄弟、姐妹及亲人多年来给予我的支持和帮助。我更要感谢我的妻子和儿子一直以来给予我的爱和理解。1991年在塔河县县委的支持下，我们拍摄电视专题片《兴安猎神鄂伦春》，此画册的个别民俗照片就是那次关小云、周宏、张汝涛我们几个共同拍摄的。此书的出版得到了省财政厅朗国明 刘志林 安祥和爱辉区委区政府的大力支持，也得到我的父老乡亲们的鼎力相助，在此表表示深深的感谢！希望此画册的出版能让更多的人了解鄂伦春，关注鄂伦春，热爱鄂伦春。

图书在版编目（CIP）数据

兴安猎神 / 张林刚著. —北京：中央民族大学出版社，

2013.7

ISBN 978-7-5660-0459-8

I. ①兴… Ⅱ. ①张… Ⅲ. ①鄂伦春族—概况—画册

Ⅳ. ①K282.4-64

中国版本图书馆CIP数据核字（2013）第151425号

兴安猎神

作　　者	张林刚
责任编辑	李　飞
美术编辑	汤建军
出 版 者	中央民族大学出版社
	北京市海淀区中关村南大街27号　　　邮编：100081
	电话：68472815（发行部）　　68932218（总编室）
	传真：68932751（发行部）　　68932447（办公室）
发 行 者	全国各地新华书店
印 刷 厂	北京宏伟双华印刷有限公司
开　　本	635×965（毫米）　1 / 8　　印张：19
字　　数	240千字
印　　数	1000册
版　　次	2013年7月第1版　　2013年7月第1次印刷
书　　号	ISBN 978-7-5660-0459-8
定　　价	280.00元（精装）